MEDÉE ET JASON,

TRAGEDIE,

REMISE AU THEATRE

Le premier Mai 1727.

Le prix est de 40. sols.

A PARIS,

Chez la Veuve de PIERRE RIBOU, ſeul Libraire de l'Académie Royale de Muſique; Quai des Auguſtins, à la deſcente du Pont-Neuf, à l'Image S. Loüis.

M. DCC. XXVII.

Avec Approbation & Privilege du Roi.

ACTEURS CHANTANS DU PROLOGUE.

L'EUROPE, Mlle Ermans.
APOLLON, Mr. Chassé.
MELPOMENE, Mlle Antier.
Troupe de Jeux & des Arts.
Troupe d'Habitans des Rives de la Seine.

Noms des Acteurs & Actrices chantans dans tous les Chœurs du Prologue & de la Tragedie.

COSTE' DU ROY.	COSTE' DE LA REINE.
Mesdemoiselles	*Mesdemoiselles*
De Kerkoffen.	Millon.
Antier-C.	La Roche.
Dutillier.	Tettelette.
Julie.	Charlard.
Souris-C.	Perignon.
Petitpas.	Benard.
Gentilhomme.	Morel.
Dun.	
Messieurs	*Messieurs*
Dun pere.	Le Myre-L.
Flamand.	Morand.
Bremond.	Valantier.
Saint Martin.	Bertin.
Loüette.	Dautrep.
Buzeau.	Corail.
Deshais.	Duchesne.
Duplessis.	Houbeau.

ACTEURS DANSANS
DU PROLOGUE.

Habitans de la Seine.

Monſieur Dangeville.

Meſſieurs Maltaire-L., Javilliers fils, Pierret, Tabary.

Meſdemoiſelles Petit, Thyber, Camargo, Binet.

Suite d'Apollon.

Mademoiſelle Menés.

Meſdemoiſelles la Martiniere, Deliſle-C., Goblain.

Meſſieurs, Bontemps, Savar, Camargo.

ACTEURS DANSANS
DE LA TRAGEDIE.

ACTE PREMIER.

Guerriers.

Monſieur Laval.
Meſſieurs Dumoulin-L., Savar, Pierret, Tabary.

Amazonnes.

Meſdemoiſelles Duval, Thibert, Lemaire, Verdun.
Monſieur Maltaire-C., Mademoiſelle Deliſle-L.

ACTE SECOND.

Magiciens.

Meſſieurs Dumoulin-L., Laval, Savar.

Démons.

Monſieur Maltaire-C.
Meſſieurs Dangeville, Maltaire-L., Javilliers pere, & Javilliers fils, Tabary, Pierret, Camargo, Aubert.

ACTE TROISIE'ME.

Amans heureux.

Mademoiſelle Prevoſt.

Mesdemoiselles Delisle-L., Duval, Thybert, Camargo.
Messieurs Dumoulin-L., F-Dumoulin, P-Dumoulin, Savar.

ACTE QUATRIE'ME.

Matelots & Matelottes.

Messieurs Blondy, Laval, Maltaire-C.
Monsieur F-Dumoulin.
Messieurs Dangeville pere, Dumoulin, Maltaire-L., Javilliers fils, Aubert, Maltaire - 3ᵉ.
Mademoiselle Camargo.
Mesdemoiselles Binet, Lamartiniere, Delisle-C., Durocher, Goblain, Dupalais.

ACTE CINQUIE'ME.

Corinthiens.

Monsieur D-Dumoulin.
Messieurs P-Dumoulin, Dangeville, Savar, Pierret, Tabary, Camargo.

Corinthiennes.

Mademoiselle Delisle-L.
Mesdemoiselles Pety, Thybert, Lemaire, Verdun, Lamartiniere, Durocher.

ACTEURS CHANTANS
DE LA TRAGEDIE.

MEDE'E, *Princesse de Colchos*, Mlle. Antier.

JASON, *Prince de Thessalie*, Mr. Tribou.

CREON, *Roi de Corinthe*, Mr. Thevenard.

CREUSE, *Fille de Creon*, Mlle. Pelissier.

NERINE, *Confidente de Medée*, Mlle. Minier.

ARCAS, *Confident de Jason*, Mr. Dun.

CLEONE, *Confidente de Creuse*, Mlle. Souris.

Troupe de Guerriers & de Peuples.

Une Amazonne, Mlle Ermans.

Un Corinthien, Mr. Tribou.

Une Corinthienne, Mlle Souris.

Troupe de Magiciens & de Démons.

Trois Magiciens, Mrs Cuvilliers, Tribou, Lemyre,

Trope de Démons transformez en Amours.

Nymphes, Jeux, &c.

Une Nymphe, Mlle Ermans.

Un Matelot, Mr. Pellissier.

Une Matelotte, Mlle. Souris.

Un autre Matelot, Mr. Tribou.

Troupe de Corinthiens.

Un Corinthien, Mr. Tribou.

Un Garde, Mr. Cuvilliers.

Les trois Furies, Mrs. Tribou, Cuvilliers, Lemyre.

La Scene est à Corinthe.

PROLOGUE.

Le Théâtre represente l'endroit le plus agréable des Rives de la Seine, c'est un Valon délicieux & des Prairies à perte de vûë, où le fleuve serpente.

SCENE PREMIERE.

On entend un bruit de Guerre.

L'EUROPE.

CIEL! de quel bruit affreux retentissent les airs!

CHOEUR *derriere le Théâtre.*

Courons, courons aux armes.

L'EUROPE.

Puissant Maître de l'Univers,
Ne m'avez-vous soûmis tant de Peuples divers,
Que pour me causer tant d'allarmes?

CHOEUR *derriere le Théâtre.*

Courons, courons aux armes.
Triomphons de nos ennemis:
La gloire de les voir soûmis
A pour nous trop de charmes,
Courons, courons aux armes.

L'EUROPE.

Arrêtez, Cruels, arrêtez;
Reconnoissez l'Europe gémissante!
Ah! pour prix de mes soins faut-il que je ressente
Tous les coups que vous vous portez?

Jupiter, lancez le tonnerre
Sur les ennemis de la Paix;
Rendez le repos à la Terre,
C'est le plus cher de vos bienfaits.

Jupiter, lancez le tonnerre
Sur les ennemis de la Paix.

Mais Apollon & Melpomene
Viennent s'offrir à mes regards:
Ciel! je vois avec eux & les Jeux & les Arts:
Quel soin en ces lieux les améne?

Apollon paroit dans un Char brillant avec Melpomene, les Jeux & les Arts.

SCENE II.

APOLLON, L'EUROPE, MELPOMENE, *les* JEUX *&* *les* ARTS.

APOLLON.

TEs vœux sont montez jusqu'aux Cieux,
Europe reprend l'espérance.
La victoire a suivi les drapeaux de la France
Par l'ordre du Maître des Dieux.

L'EUROPE.

Ah! mes vœux sont comblez; Jupiter les seconde,
Puisqu'il devient propice au Maître de ces lieux.

C'est vouloir le bonheur du monde
Que le rendre victorieux.

ENSEMBLE.

C'est vouloir le bonheur du monde
Que le rendre victorieux.

Les Habitans des Rives de la Seine viennent témoigner leur joie par des danses.

APOLLON.

Peuples qui vivez sous l'Empire
D'un Roi, le modéle des Rois,
Pour vôtre bonheur tout conspire,
Soiez attentifs à ma voix.

Malgré la Discorde cruelle,

PROLOGUE.

Vos maux vont prendre fin;
Ce sont les arrêts du Destin
Qu'Apollon vous révéle.

CHOEUR *des Peuples.*

Malgré la Discorde cruelle,
Nos maux vont prendre fin;
Ce sont les arrêts du Destin
Qu'Apollon nous révéle.

On danse.

MELPOMENE.

Pour terminer le cours de vos cruels malheurs,
Le vainqueur veut borner le cours de ses conquêtes;
Et ce n'est plus que dans vos Fêtes,
Que vous verrez couler & du sang & des pleurs.

Une Paix constante
Flâte mon attente,
Puisse un calme heureux
Combler toûjours vos vœux.

Loin de ces rivages
Mars & ses ravages,
Vos plus doux plaisirs
Font mes plus chers desirs.

Une Paix constante, &c.

Goûtez mille charmes,
Ne versez des larmes
Que parmi mes Jeux.

Une Paix constante, &c.

PROLOGUE.

Le divertissement continuë.

MELPOMENE.

Joüissez d'un bonheur durable
Sous les loix d'un Héros qui les efface tous ;
Je parcours vainement & l'Histoire & la Fable,
Je n'en vois point de comparable
A celui qui régne sur vous.

CHOEUR.

Joüissons d'un bonheur durable
Sous les loix d'un Héros qui les efface tous ;
Il n'en est point de comparable
A celui qui régne sur nous.

APOLLON.

Pour de nouveaux plaisirs qu'à l'envi tout s'apprête ;
Couronnons cette auguste Fête.
Jeux, Arts qui me suivez, enchantez tous les yeux
Par un appareil magnifique,
Et secondez les vœux de la Muse tragique
Pour augmenter la pompe de ces lieux.

Et vous qui presentez une effraiante image
Des malheurs où le crime engage ;
Muse, de Medée en courroux
Rendez les forfaits mémorables ;
Apprenez aux Mortels les effets déplorables
De l'Amour infidéle & de l'Amour jaloux.

CHOEUR.

Joüissons d'un bonheur durable, &c.

Fin du Prologue.

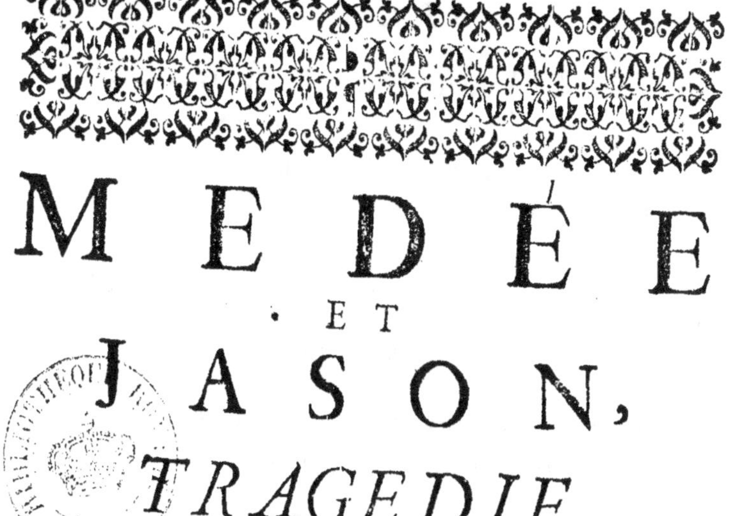

MEDÉE ET JASON, TRAGEDIE.

ACTE PREMIER.

Le Théâtre represente une Place publique de la Ville de Corinthe, ornée d'un Arc de triomphe, de Statuës & de Trophées sur des pied-d'estaux, bornée par le Palais de Créon dans le fond.

SCENE PREMIERE.

JASON, ARCAS.

ARCAS.

Seigneur, d'où peut venir l'ennui qui vous accable?

JASON.

Ah! laisse-moi cacher le trouble où tu me vois.

ARCAS.

Et la Gloire & l'Amour, tout vous eſt favorable.
Pour prix de vos derniers exploits,
La Gloire vous preſente un Princeſſe aimable,
Dont l'Amour lui-même a fait choix:
Vous l'adorez, elle vous aime,
L'Hymen va vous unir; quel ſort eſt plus charmant!

JASON.

Hélas! c'eſt dans cet hymen même
Que je trouve un nouveau tourment.

ARCAS.

Quoi! Creüſe pour vous a-t-elle éteint ſa flâme?
Mais, non; plus que jamais vous régnez dans ſon ame.

JASON.

Elle n'a point changé; mais tout prêt d'être heureux,
Aux tranſports les plus doux je me livre avec peine;
Que ne peut le remord ſur un cœur généreux!
Vers ce nouvel hymen en vain l'amour m'entraîne;
Tu le ſçais trop, Arcas, pour en former les nœuds.
J'ai rompu ma premiere chaîne;
J'ai pû trahir Medée; Ah! trop injuſte Epoux!
A l'oublier vainement je m'efforce.

ARCAS.

Vous vous reprochez un divorce

Que la Gloire exigea de vous!

JASON.

Arcas, c'eſt peu d'être parjure;
Je trahis mes enfans, je les rends malheureux;
Quand je fais à leur mere une cruelle injure,
La honte en retombe ſur eux.

Quoi! dans Corinthe armé pour leur défenſe,
Créon fait avec gloire élever leur enfance;
Et je puis... vains remords d'un cœur trop amoureux!

Ah! qu'il eſt dangereux d'avoir un cœur trop tendre!
L'amour & le devoir me parlent tour à tour:
Mais, le devoir eſt foible, & j'ai peine à l'entendre,
Je n'écoûte plus que l'amour.

De ſon fatal pouvoir je ne puis me défendre:
Mais, Creüſe vient en ces lieux;
Amour, c'eſt à toi ſeul de paroître à ſes yeux.

SCENE II.

JASON, CREUSE.

JASON.

PRinceſſe, quel bonheur pour Jaſon ſe prépare!
L'Hymen forme pour moi les nœuds les plus charmans,
Le Roi pour mes feux ſe déclare.

CREUSE.

Seigneur, je ſuis ſoûmiſe à ſes commandemens.

JASON.

Vous parlez d'obéir, hélas! belle Creüſe,
Mon cœur ne tiendra-t-il ſon bonheur que du Roi?
Non, ſes bontez en vain ſe ſignalent pour moi,
Ne croiez pas que j'en abuſe.

CREUSE.

Votre cœur eſt trop généreux,
Il ne voudroit pas me contraindre
A former de funeſtes nœuds.

JASON.

Qu'entends-je? ô Ciel!

CREUSE.

Que ſert de feindre?
Je ne ſçaurois vous rendre heureux.

JASON.

Cruelle, vous changez! Eh, qui l'auroit pû croire!
Des plus sacrez sermens vous perdez la mémoire:
Mais, quel est cet heureux Vainqueur,
Qui me bannit de vôtre cœur?

CREUSE.

N'en demandez pas davantage;
Je suis plus à plaindre que vous.
Que vais-je devenir, si le devoir m'engage
A vous accepter pour époux?

JASON.

Vous pouvez rendre heureux un cœur qui vous adore,
Et vous êtes à plaindre encore!
Ah! je n'écoute plus qu'un affreux desespoir,
Il faut vous affranchir d'un rigoureux devoir....

CREUSE.

Arrêtez. Ciel! qu'allez-vous faire!

JASON.

Inhumaine, je vais mourir.

CREUSE.

Je frémis... demeurez: il faut vous découvrir
Un trop fatal mystére.
La mort où je vous vois courir,
Ne me permet plus de me taire:
Quand je vous refuse ma main,
C'est l'Amour, & je l'en atteste,
Qui m'en inspire le dessein.
Achever un hymen qui vous sera funeste,

C'est vous plonger moi-même un poignard dans le sein.
De Medée en fureur que n'ai-je pas à craindre?
Je crois déja la voir prête à vous immoler.
Ah! dans un sang si cher son courroux va s'éteindre;
Toute absente qu'elle est, elle me fait trembler.

JASON.

Vous tremblez pour mes jours! ô soin rempli de charmes!
Que vois-je? vous versez des larmes?
Ah! mon sort est trop glorieux!
Mon sang peut-il paier des pleurs si précieux,
Et de si charmantes allarmes?
Achevez mon bonheur, c'est trop le différer.

CREUSE.

Non, rien ne peut me rassûrer.

JASON.

Bannissez la fraieur dont vôtre ame est atteinte.
Quel nuage obscurcit le plus beau de mes jours!

ENSEMBLE.

Ah! pourquoi faut-il que la crainte
Trouble les plus tendres amours.

CREUSE.

Mais le Roi vient, souffrez que je vous quitte,
Qu'il ne soit pas témoin du trouble qui m'agite.

SCENE III.

CREON, JASON, GARDES.

CREON.

PRince, tous vos Guerriers, par mon ordre assemblez,
Viennent célébrer vôtre gloire;
Nous devons ces chants de victoire
Au bonheur dont vous nous comblez.

Vous êtes désormais l'appui de ma puissance:
Les fiers Athéniens de ma grandeur jaloux,
Ont vû tout leur orguëil expier sous vos coups,
Et ma juste reconnoissance
Ne peut aller trop loin pour vous.

Je ne la borne pas à l'hymen de ma fille.
Aux yeux de mes Sujets, prêt à vous couronner,
Je veux leur faire voir de quelle gloire brille
Le Roi que je vais leur donner.

Que ne mérite point vôtre valeur extrême?

Creüse en vous donnant sa foi,
Doit vous offrir un Diadême:

Quand on a les vertus d'un Roi,
On eſt digne du rang ſuprême.

JASON.

Seigneur, Creüſe ſeule eſt trop belle à mes yeux,
Et ſans l'éclat de la couronne....

CREON.

Vous deviez en naiſſant, la recevoir des Dieux:
Il eſt tems qu'un Roi vous la donne.

JASON.

Ai-je pû mériter la gloire d'un tel choix?

CREON.

On vient célébrer vos exploits.

SCENE IV.

CREON, JASON, *Troupe de Guerriers & de Peuples de Corinthe.*

CREON.

PAr des jeux, par des chants dignes de ſa victoire,
Célébrez ce jeune Héros;
Corinthe lui doit ſon repos,
Et vous lui devez vôtre gloire.

CHOEUR.

CHOEUR.

Par des jeux, par des chants dignes de ſa victoire,
Celébrons ce jeune Héros;
Corinthe lui doit ſon repos,
Et nous lui devons nôtre gloire.

UNE AMAZONE.

Pour un Héros victorieux
Retentis dans les airs, éclatante Trompette;
Que ſon nom vole juſqu'aux Cieux,
Qu'avec nous l'Echo le répéte.
Pour un Héros victorieux
Retentis dans les airs éclatante Trompette.

UN CORINTHIEN ET UNE CORINTHIENNE.

Un plein repos comble nos vœux;
Que nos douceurs ſeront parfaites!
On ne doit plus dans ces retraites
Entendre que des chants heureux.

Dieu qui te plais au bruit des armes,
O Mars, fui ce charmant ſéjour;
Qu'il ne ſoit permis qu'à l'Amour
D'y faire ſentir des allarmes.

LA CORINTHIENNE.

Suivons les loix que l'Amour inſpire,
Que dans ces lieux il régne avec la Paix;

MEDE'E ET JASON,

Sous ſon Empire
Un cœur ſoûpire,
Mais ſes plaiſirs n'en ont que plus d'attraits,
Portons ſes chaînes,
Aimons ſes peines,
Rien n'eſt ſi doux que de ſentir ſes traits.

CREON.

Adreſſez tous vos chants au Vainqueur glorieux,
Qui fait le bonheur de ces lieux.

On l'a vû par tout invincible
Voler au milieu des hazards.
Ah ! que l'Amour, s'il eſt poſſible,
Le favoriſe autant que Mars.

LE CHOEUR, *répete ces quatre derniers Vers.*

CREON.

Préparons de nouvelles fêtes,
Qu'un triomphe plus doux couronne le Vainqueur.
Par un heureux hymen, aſſûrons à ſon cœur
La plus chére de ſes conquêtes.

Fin du premier Acte.

ACTE SECOND.

Le Théâtre répresente un agréable Païsage au pied d'une Montagne qui s'éleve jusqu'au Ciel d'un côté : On voit de l'autre une Campagne à perte de vûë au voisinage de Corinthe.

SCENE PREMIERE.

CREUSE, CLEONE.

CLEONE.

On, je n'aprouve point cette fraieur mortelle,
Qui vient de vôtre cœur troubler l'heureuse paix.

CREUSE.

Puis-je voir sans fraieur une image cruelle,
Qui ne m'abandonne jamais?

CLEONE.

Qui peut vous allarmer ?

CREUSE.

Un songe épouventable....

J'en aurois à Jason montré toute l'horreur ;
Mais il auroit blâmé la douleur qui m'accable :
J'ai renfermé mon trouble dans mon cœur.

CLEONE.

Quel est ce songe affreux !

CREUSE.

Tu vas trembler, Cleone,
A te le retracer moi-même je frissonne.
A peine le sommeil vient me fermer les yeux,
Que j'entends gronder le tonnerre.
Un nuage s'entr'ouve, & du plus haut des Cieux
Je vois un Char brûlant descendre sur la terre.
Medée est dans ce Char qui fait frémir les airs ;
Ses yeux étincelans de rage
Sont plus ardents que les éclairs
Qu'on voit briller pendant l'orage.
Le Palais de Creon soudain est enflâmé ;
Jason par l'amour animé,
Cherche au travers des feux à s'ouvrir un passage ;
Contre lui, contre moi tout l'Enfer est armé :
J'invoque en vain les Dieux, que pour lui seul j'implore.

Sur lui Medée avance un poignard à la main :
Je ne vois point le coup qui lui perce le ſein ;
Mais du ſang de Jaſon ce poignard fume encore.

CLEONE.

Avec un tendre Amant ce jour doit vous unir,
Goûtez un bien certain, laiſſez un vain menſonge ;
Eh ! pourquoi ſur la foi d'un ſonge,
Chercher des maux dans l'avenir ?

Medée a pour jamais quitté la Theſſalie,
Acaſte, ardent à ſe vanger,
Pourſuit le meurtre de Pélie
Qu'elle vient de faire égorger :
Dans des climats lointains elle cherche un azile.

CREUSE.

Non, ſon éloignement ne me rend point tranquille ;
Que ne peut point ſon art ! les Monts, les vaſtes Mers
Ne mettroient entre nous qu'un rampart inutile ;
Un moment lui ſuffit pour traverſer les airs.

Quel bruit ! Ciel ! quel épais nuage
Nous cache la clarté des Cieux ?

On entend une Symphonie effraiante, pendant laquelle il paroît un Tourbillon de nuages qui deſcend, & en s'ouvrant tout-à-coup, fait paroître Medée entourée de Magiciens & de Démons, qui s'avancent avec elle ſur le Théâtre.

SCENE II.

CREUSE, MEDE'E, CLEONE, NERINE.

Troupe de Magiciens & de Démons.

CREUSE.

DIeux! quel objet s'offre à mes yeux!
Mon ſonge m'a tracé cette terrible image,
Fuions ſon aſpect odieux :
C'eſt Medée, évitons ſa rage.

Medée s'avance vers Creüſe, & la touche de ſa Baguette magique.

Cleone s'enfuit.

MEDE'E.

Demeure.

CREUSE.

Malgré moi je me ſens arrêter,
Par une puiſſance fatale.

MEDE'E.

Demeure, & connoi ta Rivale
Pour apprendre à la redouter.

Qu'un aſſemblage affreux à ſes regards étale
Tout ce qu'en ma faveur la fureur infernale
A jamais pû faire éclater.

Le Théâtre change & repreſente un lieu affreux, où les plus grands crimes de Medée ſont exprimez.

CREUSE.

Quel ſpectacle effroyable, ah! tout mon ſang ſe glace.

MEDE'E.

Vous qui portez mes loix en cent climats divers,
Miniſtres de mon art, noirs Enfans des enfers,
Annoncez-lui le ſort qui la menace.

CHOEUR *de Magiciens & de Démons.*

Tremble, frémi d'effroi,
Tremble Creüſe, tremble;
Crain tous les maux enſemble,
Ils vont tomber ſur toi.

Tremble, fremi d'effroi,
Tremble Creüſe, tremble.

On danſe.

Un Magicien, une Magicienne & un Démon.

Des Enfers l'empire ſombre
Arme ſes fers & ſes feux;
Tu vois tous ces malheureux,
Crains d'en augmenter le nombre.

MEDE'E.

Oſes-tu de Jaſon me diſputer le cœur,
Quand tu vois ce que peut ma rage ?

CREUSE.

Plus je vois quelle eſt ta fureur,
Plus je ranime mon courage.

MEDE'E.

Quoi ! tu ne frémis pas d'horreur ?

Si l'amour autrefois me rendit inhumaine;
Que ne doit point faire la haine !
Tu peux par le paſſé juger de l'avenir,
Mon cœur moins irrité que tendre
N'avoit qu'un Epoux à défendre,
Et point de Rival à punir.

CREUSE.

Satisfais ta barbare envie,
Que l'Enfer s'uniſſe avec toi;
Tu ne menaces que ma vie,
Tu ne m'inſpire point d'effroi.

MEDE'E.

A ma fureur tout eſt poſſible;
Crois-tu qu'elle ſe borne à te ravir le jour ?
Je ſçaurai de ton cœur trouver l'endroit ſenſible;
La rage dans le mien l'emporte ſur l'amour.

Si je ne puis toucher un Epoux infidéle ;
Je puis punir ſa trahiſon ;
C'eſt m'ouvrir à ton cœur une route nouvelle,
Que percer le cœur de Jaſon.

CREUSE.

Hélas !

MEDE'E.

Ce ſoûpir qui t'échappe
M'apprend ce qui peut te troubler.

CREUSE.

Quoi ! malgré vôtre amour vous pourriez l'immoler ?

MEDE'E.

C'eſt dans ſon cœur qu'il faut je te frappe.

CREUSE.

Vous menacez Jaſon, je commence à trembler.

MEDE'E *la touchant de ſa Baguette.*

Je ne te retiens plus, va cour, fui ma préſence ;
Aux yeux de ton Amant, hâte-toi de t'offrir ;
Mais, ſouhaite ſon inconſtance,
Si tu ne veux le voir périr.

SCENE III.

MEDE'E, NERINE.

NERINE.

QUoi ! sur une tête si chére,
Vos transports furieux oseroient éclater ?

Contre un Ingrat qui sçût vous plaire,
Gardez de vous trop emporter.
Non, non, ce n'est point la colere,
C'est l'amour qu'il faut consulter.

MEDE'E.

Je ne l'entends que trop, cet amour plein de charmes,
De toute ma colere il triomphe en vainqueur.
Hélas ! mille tendres allarmes
Parlent pour mon Ingrat dans le fond de mon cœur.
Mais j'ai vû trembler ma Rivale,
Lorsque de son Amant j'ai menacé les jours ;
Elle craint pour Jason ma vangeance fatale.
Achevons de troubler de perfides amours.

NERINE.

Mais dans son changement si vôtre Epoux s'obstine ?

MEDE'E.

Ah ! dans mon desespoir tout me sera permis.

Que n'oserai-je point ? Nerine,
Juge de ma fureur ; moi-même j'en frémis.

ENSEMBLE.

Que l'amour jaloux est à craindre !
Que ne peut-il point immoler !
Quel sang ne fait-il pas couler
Pour se vanger ou pour s'éteindre ?
Tout céde à ses coups,
Il est implacable ;
L'Enfer en courroux
Est moins redoutable
Que l'amour jaloux.

NERINE.

Approuvez un conseil que m'inspire mon zéle ;
Pour rappeller un infidéle,
Essaiez ce que peut l'amour.

MEDE'E.

J'y consens : mais enfin si ma tendresse est vaine,
Je n'écoûte plus que ma haine.
Je vais remplir d'horreur ce funeste séjour.

Nerine, de ma part vas trouver mon Parjure ;
Dans ces lieux écartez dis-lui que je l'attends :
Cour, vole, en vains projets c'est perdre trop de tems,
Mon impatience en murmure.

SCENE IV.

MEDE'E.

ET vous, Démons, rentrez dans l'infernal séjour;
Allez armer pour moi la noire Jalousie,
Qu'elle vienne servir ma haine & mon amour.
Que Creüse éprouve à son tour
L'horreur dont mon ame est saisie.

Fin du second Acte.

ACTE TROISIÉME.

Le Théâtre répresente un Bois.

SCENE PREMIERE.

JASON.

POUR ma Princesse, hélas! que je ressens d'éfroi!
Je l'expose aux fureurs d'une épouse cruelle:
Ah! je crois voir tomber sur elle
Tous les coups qu'elle craint pour moi.

Arrête, Rivale implacable;
Si Jason a trahi sa foi,

Creüse en est-elle coupable?
Est-ce un crime que d'être aimable,
Et d'avoir pris un cœur qui n'étoit plus à toi:
Pour ma Princesse, helas! que je ressens d'effroi!
Je l'expose aux fureurs d'une épouse cruelle:
Ah? je crois voir tomber sur elle
Tous les coups qu'elle craint pour moi.

Emploions tous mes soins à calmer sa Rivale,
Elle doit se rendre en ces lieux;
Qu'à moi seul, s'il se peut, sa fureur soit fatale.

Mais, quel brillant Palais vient s'offrir à mes yeux?

Le Théâtre change & represente un magnifique Palais, avec des Jardins enchantez.

SCENE II.

JASON.

Troupe de Démons transformez en Amours, en Nymphes, en Jeux & en Plaisirs.

CHOEUR.

C'Est dans ces charmantes retraites,
Que régnent les plaisirs, les Amours & les Jeux;
Venez de toutes parts, venez Amans heureux,
C'est pour vous seuls qu'elles sont faites.

Une Troupe d'Amans heureux vient joindre les Plaisirs & les Jeux.

UNE NYMPHE *à Jason.*

Vivez heureux.
Que vos regrets finissent;
Vivez heureux.
Les Ris, les Jeux.
Les plaisirs dans ces lieux s'unissent;
Brûlez, brûlez des plus beaux feux.
Vivez heureux.
Aimez un objet charmant,
Sa tendresse

Vous en presse,
Cher Epoux soiez amant.

A l'Amour rendez les armes.
Ses allarmes
Ont des charmes,
Qu'on ne trouve qu'en aimant.

L'Amour vous apelle,
Soiez plus fidéle,
Ne balancez pas,
Un bien qu'on différe
Perd de ses appas;
L'Amour pour vous plaire
Vole sur vos pas.

Petit Chœur d'Amans heureux.

Fuiez, Amans jaloux,
Vous sentez trop d'allarmes;
Des lieux si pleins de charmes
Ne sont pas faits pour vous.

SCENE III.

CREUSE, JASON.

CREUSE.

O Ciel ! quelle odieuſe fête !

JASON.

Dieux ! c'eſt Creuſe ; ô juſtes Dieux !
Fuyez.

CREUSE.

L'Amour jaloux m'a conduite en ces lieux ;
Où parmi les plaiſirs ma Rivale t'arrête.
Tu me trahis !

JASON.

Non, ne le croiez pas.

CREUSE.

Tu me trahis.

JASON.

Je vous adore.

CREUSE.

Et bien ſi tu m'aimes encore,
Fui de ces lieux, & ſuis mes pas.

JASON.

Ah ! diſſipons l'erreur qui vient de la ſurprendre.

SCENE IV.

MEDE'E, JASON.

MEDE'E.

ARrête,

JASON.

Ah ! laissez-moi . . . .

MEDE'E.

Perfide, tu me fuis !

JASON.

Non, non, je ne puis rien entendre.

MEDE'E.

Elle est morte si tu la suis.

JASON.

Juste Ciel !

MEDE'E.

Sur ses pas je vois ce qui t'appelle.
Tu veux en me fuiant, l'assûrer de ta foi.
Mais, quand tu sens une flâme nouvelle,
Cruel, tu n'outrages que moi.

JASON.

Que ne m'eſt-il permis de n'être point parjure?
Mon crime eſt le crime du ſort.
Les Grecs pour m'accabler font un commun effort:
Contre tant d'ennemis Créon ſeul me raſſûre.

MEDE'E.

Ingrat, me comptez-vous pour rien?
Rompez un hymen trop funeſte;
Je prendrai ſoin d'un ſort où j'attache le mien:
Aimez-moi ſeulement, mon art fera le reſte.

JASON.

Je ſçais que tout vous eſt permis,
Vôtre art ſoûmet l'Enfer, le Ciel, la Terre & l'Onde:
Mais les Rois les maîtres du monde
Sont de terribles ennemis.

MEDE'E.

Que me ſert qu'à mon art tout devienne poſſible?
Mon pouvoir eſt trop foible, un autre en eſt vainqueur,
Mon ennemi le plus terrible
Eſt dans le fond de votre cœur.

JASON.

Vous avez dans mon cœur à ſurmonter la Gloire,
Elle doit ſur l'Amour remporter la victoire.
Pour vous ce triſte cœur a long-tems combattu;

Mais combien d'innocens ont été vos victimes !
C'est m'arracher à ma vertu,
Que m'associer à vos crimes.

MEDE'E.

Quel reproche ! Ciel, j'en frémis,
Et c'est Jason qui m'en accable !
Quoi ! des Mortels le plus coupable.

JASON.

Quels crimes sont les miens ?

MEDE'E.

Tous ceux que j'ai commis.

JASON.

Dieux ! le poison ! le parricide !

MEDE'E.

Ce sont-là nos communs forfaits.

JASON.

Justes Dieux !

MEDE'E.

Je ne les ai faits
Que pour trop aimer un Perfide.

Ah ! que l'Amour est un fatal vainqueur !
Je n'ai que trop senti jusqu'où va sa puissance ;
Avec le repos de mon cœur
Il m'en coute mon innocence.

Mais je sçais dans quel sang il me faut expier,
Et tant d'amour & tant de crimes ;
Ma Rivale est enfin de toutes mes victimes
La derniere à sacrifier.

Tu vois ma fureur extrême,
Garde-toi de m'outrager :
Un cœur qui perd ce qu'il aime,
N'a plus rien à ménager.

ENSEMBLE.

JASON. { Craignez } ma fureur extrême.
MEDE'E. { Tu vois }

JASON. Gardez-vons de vous vanger.
MEDE'E. Garde-toi de m'outrager :
Un cœur qui perd ce qu'il aime,
N'a plus rien à ménager.

SCENE V.

MEDE'E.

LE Perfide ! il me quite ! il brave ma vangeance !
Et je pourrois souffrir cette nouvelle offense !
C'en est trop, vengeons mon amour ;

Puniſſons, perdons qui m'outrage:
Que tout reſſente tour à tour
Ce que peut ma jalouſe rage.
C'en eſt trop, vengeons mon amour;
Puniſſons, perdons qui m'outrage.

Vous, qui pour plaire à mon Volage
Avez pris ſoin d'orner ces lieux,
Démons, transformez vous en Monſtres furieux,
Et portez par tout le ravage.

Les Démons ſe transforment en Monſtres.

Fin du troiſiéme Acte.

ACTE QUATRIÉME.

Le Théâtre répresente le Rivage de la Mer, le Port & la Ville de Corinthe dans le fond.

SCENE PREMIERE.

CREUSE.

JASON ne m'aime plus; ô rigoureux tourment!
Helas! puis-je douter qu'il ne soit infidéle?
Ma Rivale n'est que trop belle.

Au milieu des plaisirs, dans ce fatale moment
Ils se jurent tous deux une amour éternelle;
Jason ne m'aime plus; ô rigoureux tourment!

Je vois approcher mon Perfide;
Quel dessein prés de moi le guide!

SCENE II.

JASON, CREUSE.

JASON.

Que de maux désolent ces lieux?
Que Medée en fureur s'immole de victimes!
Se peut-il que les justes Dieux
Laissent impunis tant de crimes!

CREUSE.

Quand les Dieux suspendent leurs coups;
Leurs bontez vous sont favorables;
S'ils punissoient tous les coupables,
Vous auriez à trembler pour vous.

JASON.

Il est vrai, c'est moi seul qu'il faut que l'on accuse
Des maux dont je plains la rigueur:
Mais, que dis-je? non, je m'abuse,
Vos yeux ont part au crime aussi-bien que mon cœur.
C'est à moi cependant à calmer tant d'allarmes;
C'est trop faire couler & de sang & de larmes;
Il est tems de quiter ce malheureux séjour.

CREUSE.

Va, Perfide, fui, qui t'arrête;
Va, sui ta premiere conquête,
Porte loin de mes yeux ton infidéle amour.

JASON.

JASON.

Moi, vous trahir!

CREUSE.

J'ai vû cette odieuse fête,
Où ma Rivale a triomphé de moi.

JASON.

J'aurois pû vous manquer de foi!

CREUSE.

Ingrat, pour me prouver que tu m'étois fidéle,
Il falloit marcher sur mes pas.

JASON.

Il falloit donc, Cruelle,
Vous livrer au trépas,
Medée alloit sur vous faire éclater sa rage.

CREUSE.

Non, tu prétends en vain excuser ton outrage:
Ma Rivale m'apprend à tout craindre de toi.

Medée avoit reçû ta foi
Lorsque je t'engageai dans une amour nouvelle;
Et tu peux me trahir pour elle,
Comme tu la trahis pour moi.

JASON.

Je ne m'en défends pas, je suis un infidéle,
Pour me le reprocher il suffit de mon cœur;
Mais un crime forcé dont la cause est si belle,
Mérite-t-il tant de rigueur?

Tout doit vous rendre les armes,

C'eſt une fatalité,
Eſt-il de fidélité
A l'épreuve de vos charmes ?

ENSEMBLE.

CREUSE. Volage, } c'eſt trop { m'abuſer.
JASON. Cruelle, } c'eſt trop { m'accuſer.

Vôtre { feinte / plainte } augmente ma peine.

CREUSE. Vous avez pris une autre } chaîne.
JASON. Je veux mourir dans vôtre } chaîne.
Quels tourmens vous m'allez cauſer !

CREUSE.

Le Roi vient, il gémit : cachons-lui mes allarmes,
Dérobons-lui des pleurs qui coulent malgré moi ;
Ses ſoûpirs ſont dignes d'un Roi ;
Mais, je dois rougir de mes larmes.

SCENE III.

CREON, JASON.

CREON.

QUe de ſang ! que de morts viennent de toutes parts
S'offrir en foule à mes regards !
Ne puis-je être immolé pour un Peuple que j'aime.
Mais quand vous me montrez de ſi triſtes objets,
Dieux ! dans chacun de mes ſujets,
N'eſt-ce pas m'immoler moi-même !

JASON.

Seigneur, dans ce ſpectacle affreux,
Reconnoiſſez mon ſeul ouvrage.
Sans moi, ce Peuple malheureux
N'eut jamais vû Medée aborder ce rivage.
C'eſt moi que la Barbare en ces lieux vient chercher;
Permettez que je parte, elle ſuivra ma fuite.

CREON.

Non, il faut qu'elle meure, elle a beau ſe cacher;
Elle ſe flâte en vain de tromper ma pourſuite;
Elle va tomber dans mes fers.

JASON.

Ah! ſongez que ſon art peut armer les enfers.

CREON.

Son art eût-il plus de puiſſance,
Tout doit ici ſuivre mes loix;
L'Enfer s'arme pour ſa défenſe,
Mais, le Ciel protége les Rois.

ENSEMBLE.

Suprêmes arbitres du monde,
Grands Dieux; laiſſez vous attendrir,
Voiez nôtre douleur profonde,
Hâtez-vous de nous ſecourir:
Si vôtre bras ne nous ſeconde
Dieux puiſſants, nous allons périr.

SCENE IV.

CREON, JASON, UN GARDE.

LE GARDE.

SEigneur, vôtre ennemie est en vôtre puissance ;
Medée en ce moment va paroître à vos yeux.

CREON & JASON.

Medée ! ô Dieux ! ô justes Dieux !

JASON.

Je dois éviter sa presence.

CREON.

Allez, laissez à mon courroux
Le soin d'un châtiment qui nous emporte à tous.

JASON *se jettant aux pieds du Roi.*

Non, je ne quitte point ces genoux que j'embrasse,
Que vous ne m'accordiez sa grace.

CREON.

Que me demandez-vous ? quel généreux effort !
Le sang de mes Sujets à le punir m'engage.
Mais, je veux bien calmer un si juste transport ;
Loin de ces lieux qu'elle porte sa rage,
Que par un prompt départ elle évite la mort,
Sa grace est à ce prix. Elle vient la cruelle.

JASON.

Seigneur, je vous laisse avec elle.

SCENE V.

CREON, MEDE'E.

CREON.

LE Ciel te livre à mon courroux,
Monſtre fatal à mon empire.
Mais lorſqu'à me vanger avec moi tout conſpire,
Ma pitié s'oppoſe à mes coups,
A ton exil je borne ton ſupplice.

MEDE'E.

Ciel ! quelle grace !

CREON.

Accepte cette loi,
Et n'irrite pas ma juſtice,
Quand ma clemence agit pour toi :
Songe à tout ce qu'a fait ta rage;
Songe quels flots de ſang ont innondé ces lieux.

MEDE'E.

J'ai fait ſur ce fatal rivage
Ce qu'auroient dû faire les Dieux.

Vous me choiſiſſez pour victime,
Et vous couronnez mon époux;
Pourquoi protegez-vous le crime,
Ou pourquoi le puniſſez-vous?

CREON.

Tu m'outrages encor ! va, fui de cette rive ;
Mes vaisseaux sont tous prêts, hâte-toi de partir ;
D'une obéïssance tardive
Crains enfin de te repentir.

MEDE'E.

Que mon perfide époux partage mon supplice.
De quoi me punis-tu ? dont il ne soit complice :
Si je pars de ces lieux, qu'il marche sur mes pas.

CREON.

Obéïs à mes loix.

MEDE'E.

Ordonne mon trépas.
Tes loix seront plus légitimes ;
Mais, laisse moi Jason, Tiran, ne m'ôte pas
Ce qui m'a coûté tant de crimes.

CREON.

Ah ! ç'en est trop, je céde au plus affreux transport ;
Hâte-toi de partir, ou n'attend que la mort.

O toi ! qui fait trembler tous les Rois de la terre,
Grand Dieu qui lance le Tonnerre,
Sois attentif au serment que je fais :
Si ce coupable objet de ma juste colére
Revoit dans ce séjour l'Astre qui nous éclaire,
Punis-moi de tous ses forfaits ;
Puissai-je voir mon Trône en poudre,
Puisse l'Enfer vangeur au défaut de la foudre
M'ensevelir sous mon Palais.

SCENE VI.

MEDE'E.

TU périras, Roi téméraire;
C'est à toi de frémir d'effroi:
Le serment que tu viens de faire
Va retomber sur toi.

Ma Rivale, mes enfans même;
Que tout ressente ma fureur;
Immolons dans tout ce qu'il aime,
L'Ingrat qui me perce le cœur.

SCENE VII.

MEDE'E, NERINE.

NERINE.

POur vôtre départ tout s'apprête;
O Dieux! que de périls menaçoient vôtre tête!
J'en ai tremblé, j'en ai frémi;
Mais, Jason d'un seul mot a calmé la tempête:
Le Roi n'est plus vôtre ennemi,
Il charge de vôtre conduite
Ceux qu'autrefois leur zéle arracha de Colchos,
Pour s'attacher à vôtre fuite,
Trop heureux avec vous de repasser les flots.

MEDE'E.

Il n'est pas tems encor de quitter ce rivage.

NERINE.

Redoutez le courroux du Roi.

MEDE'E.

Non, il faut en ces lieux achever mon ouvrage.

NERINE.

O Ciel ! je repiends mon effroi.

MEDE'E.

Tu crois que ce Tiran dont tu crains la vengeance,
D'un sort tel que le mien soit l'arbitre absolu;
Ah ! si je suis en sa puissance,
Apprend que je l'ai bien voulu:
Quoique l'on osât entreprendre,
Mon art pouvoit le renverser;
Mais j'ai dû me laisser surprendre,
Pour m'approcher des cœurs que je voulois percer.

NERINE.

Qu'osez-vous méditer ;

MEDE'E.

Que rien ne t'embarasse.
Va trouver mon Ingrat, peints-lui mon repentir,
Dis-lui qu'à mon éxil je viens de consentir,
Qu'au sort plus qu'à son cœur j'impute ma disgrace;
Mais, que je veux au moins en partant de ses lieux,
Recevoir ses derniers adieux.

On entend un bruit de Haut-bois.

NERINE.

NERINE.

Les Matelots qui doivent vous conduire,
Viennent montrer ici leurs transports éclatans.

MEDE'E.

A l'espoir qui les flâte ils se laissent séduire ?
Ils n'en joüiront pas long-tems.

SCENE VIII.

TROUPE DE MATELOTS.

CHOEUR.

PAr mille chants d'allégresse,
Célébrons nôtre retour;
Nous allons quitter la Grece
Pour revoir l'heureux séjour
Qui nous a donné le jour.
Par mille chants d'allégresse
Célébrons nôtre retour.

On danse.

UN MATELOT, UNE MATELOTTE.

Quand le vent rit sur l'Onde,
Il remplit nos vœux;
Quand l'Amour nous seconde,
C'est un vent heureux.

Qu'à nos vœux déformais tout réponde ;
Jeux charmans, doux Zéphirs,
Régnez pour nos plaisirs.

Quand le vent rit sur l'onde,
Il remplit nos vœux,
Quand l'Amour nous seconde,
C'est un vent heureux.

Quels écueils vous cachez Mer profonde !
Quels périls, tendre amour
Tu caches à ton tour !

Quand le vent rit sur l'onde, &c.

On danse.

UN MATELOT.

Sur les flots on peut s'attendre
Qu'un vent affreux
Amene un calme heureux.

Un cœur tendre
Doit prétendre
Un beau jour
Dans l'Empire d'Amour.
Point de charmes
Sans allarmes.
Les plaisirs
Sont le prix des soûpirs.

UN MATELOT.

Noirs orages
Qui causez tant de naufrages,
C'est trop gronder;
Laisser aborder,
Ceux qui font de tendres voiages
Sur de charmans rivages.

Tout conspire
Contre un cœur qui soûpire,
Ombrages, soins jaloux;
Les flots sont en courroux;
Mais bien souvent,
Malgré le vent,
On trouve un heureux sort;
L'Amour conduit au Port.

On danse

Une Matelotte

Amants bravez l'orage,
Triomphez des vents et des flots
Amants bravez l'orage,
Imitez les matelots,
fuyez en vain repos
en languir sur le rivage
mais on n'arrive point au port
[illegible]

On continuë les Danses : elles sont interrompuës par un bruit de vent & de tonnerre, la Mer se soûleve & effraie les Matelots.

CHOEUR.

Quel bruit ! quels vents ! Ciel ! quel affreux orage !
Les flots frémissant de courroux,
Sont prêts d'engloutir le rivage.
Dieux ! le tonnerre gronde, il nous menace tous ;
Sauvons-nous.

Fin du quatriéme Acte.

ACTE CINQUIÉME.

Le Théâtre répresente le Palais de Creon.

SCENE PREMIERE.

MEDE'E.

PReste à porter d'horribles coups,
De mes sens quel effroi s'empare!
Autour de ce Palais sans dessein je m'égare;
J'ai beau ranimer mon courroux,
Je ne me trouve pas un cœur assez barbare
Au gré de mes transports jaloux.

Les ombres de la nuit ont fait place à l'aurore,
Et dans mon cœur le trouble régne encore!
Vangeons-nous. Justes Dieux! quel projet inhumain!
Frappons: dans ma fureur suis je assez affermie?
Ah! de mon propre sang suis-je assez ennemie,
Pour le répandre de ma main?

Mais qu'elle eſt mon erreur extrême?
Ne puis-je me vanger ſans me punir moi-même?

Flambeau des Cieux, Pere du jour,
Qui rougis d'éclairer ce coupable ſéjour,
Toi dont je n'oſe ici me vanter de deſcendre,
Aprés un affront ſi ſanglant;
Permets qu'avec ton Char brûlant,
Je tombe ſur Corinthe & le réduiſe en cendre.

Eſt-ce aſſez pour punir Jaſon?
Non, il eſt d'autres coups dont il faut qu'il gémiſſe,
A l'horreur de la trahiſon,
Je dois meſurer le ſupplice.

Vous, qui portez par tout le ravage & l'horreur
Venez à mon ſecours, Venez, noires Furies;
Accourez; verſez dans mon cœur
Vos plus cruelles barbaries.

Les trois Furies ſortent de l'Enfer.

SCENE II.

MEDE'E ET LES TROIS FURIES.

LES TROIS FURIES.

NOus quittons les Enfers pour toi,
Parle, que faut-il entreprendre?

MEDE'E.

Il faut verser pour moi
Un sang que je n'ose répandre.

MEDE'E & LES TROIS FURIES.

Portons nos coups
D'intelligence.

MEDE'E.

Rien n'est si doux
Que la vangéance.

MEDE'E & LES TROIS FURIES.

Vangeance, vangeance.

La premiere Furie.

Quel mortel ose t'outrager ?

MEDE'E.

Hélas !

La seconde Furie.

Tu gardes le silence ?

La troisiéme Furie.

Quand il s'agit de te vanger,
Se peut-il que ton cœur balance ?

Les trois Furies répétent ses deux derniers Vers.

MEDE'E & LES TROIS FURIES.

Portons nos coups
D'intelligence,
Rien n'est si doux
Que la vangeance.

MEDE'E.

Mettons le comble à mes forfaits ;

Aux Furies.

Ne rentrez pas encor dans les sombres abîmes ;
Vos Enfers sont dans ce Palais ;
Vous y trouverez vos victimes.
Entrez, je vais me joindre à vous ;
Je veux porter les premiers coups.

SCENE III.

MEDE'E, JASON.

MEDE'E.

ENfin voici l'instant funeste,
Qui doit me séparer de vous ;
Pour la derniere fois je parle à mon époux ;
Vivre dans sa mémoire est tout ce qui me rèste ;
Je n'impute qu'au sort vôtre manque de foi.

JASON.

Ah ! que n'est-il en ma puissance ;
De dissiper les ombrages du Roi !

MEDE'E.

L'Enfer soûmis à mon obéïssance,
Cesse de désoler ces lieux ;
Et je vais achever en fuiant de vos yeux,
De vous rendre votre innocence.

Dans

Dans cet embrassement recevez mes adieux.

JASON.

Hélas !

MEDE'E.

Pour soûlager mon ame,
Au nom de nos sacrez liens,
Accordez à mes pleurs vos enfans & les miens,
Tendres gages de nôtre flâme ;
Permettez qu'ils suivent mes pas.

JASON.

Ah ! demandez plûtôt ma vie.

MEDE'E.

Quoi ? vous ne voulez pas contenter mon envie !

JASON.

C'est me condamner au trépas.
Pour mes enfans ma tendresse est extrême.

MEDE'E.

Vous les aimez ! eh bien c'est tout ce que je veux ;
Je ne vous presse plus de répondre à mes vœux,
De vôtre seul bonheur je fais mon bien suprême.

Elle s'en va & revient.

Par un regret encore je me sens retenir,
Ne me refusez pas cette derniere grace.

JASON.

Parlez, dans cette Cour je puis tout obtenir.

MEDE'E.

Loin de mes chers enfans puisqu'il faut me bannir,
Jason, qu'au moins je les embrasse,
Venez, conduisez-moi prés d'eux,

Soyez témoin des pleurs que mes yeux vont répandre.

JASON.

Non, voyez-les sans moi ses enfans malheureux,
Je ne soûtiendrois pas un spectacle si tendre.

Medée entre dans le Palais.

SCENE IV.

JASON, CREUSE.

JASON.

Eh bien! Medée est prête à partir de ces lieux,
Aurez-vous encor l'injustice
D'accuser mon cœur d'artifice?
J'ai reçû ses derniers adieux.

CREUSE.

J'ai tout appris du Roi, je suis seule coupable;
Mais, quel crime est plus pardonnable?

JASON.

Rien ne sçauroit plus nous troubler,
Nôtre amour desormais peut s'expliquer sans crainte.

CREUSE.

Medée est encor dans Corinthe,
N'ai-je pas encore à trembler?

ENSEMBLE.

Amour, prens pitié de nos peines,
Vole, viens combler tous nos vœux,

Uni de tes plus douces chaînes
Deux cœurs trop long-tems malheureux.

CREUSE.

Mais, il est tems de rejoindre mon Pere,
Il craint la vangeance des Dieux;
Il leur a fait un serment téméraire,
Et malgré ce serment, Medée est dans ces lieux.

On entend un bruit d'Instrumens.

Le calme qui vient de renaître
Rassemble nos Peuples heureux;
Vous deviendrez bien-tôt leur maître:
Au défaut de Creon, présidez à leurs jeux.

SCENE V.

JASON, *Troupe de Corinthiens.*

CHOEUR.

APrés de mortelles allarmes,
Le repos n'en est que plus doux:
Que chacun en goûte les charmes,
Qu'il régne à jamais parmi nous.

On danse.

Un Corinthien, alternativement avec le Chœur.

LE CORINTHIEN.

Vivons sans crainte,
Aimons sans contrainte,
Vivons sans crainte,
Aimons, aimons tous.

LE CHOEUR.

Vivons sans crainte,
Aimons sans contrainte,
Vivons sans crainte,
Aimons, aimons tous.

UN CORINTHIEN.

Nos maux finissent,
Nos larmes tarrissent,
Aimons,
Est-il un sort plus doux?

LE CHOEUR.

Vivons sans crainte,
Aimons sans contrainte,
Vivons sans crainte,
Aimons, aimons tous.

UN CORINTHIEN.

Nos plaintes désarment
Un fatal courroux:
Les biens qui nous charment
Font mille jaloux.

LE CHOEUR.

Vivons sans crainte, &c.

SCENE VI.

JASON, CREUSE, *Troupe de Corinthiens.*

CREUSE.

AH! Seigneur, quelles barbaries
Medée exerce dans ces lieux!

Creon est agité d'implacables furies.

JASON.

Dieux! courons. Mais c'est lui qui se montre à nos yeux.

SCENE VII.

CREON, GARDES, *& les mêmes Acteurs de la Scene précédente.*

CREON *à ses Gardes.*

Barbares, laissez-moi, souffrez que je respire;
Rentrez dans l'infernal Empire.
Quoi! toûjours vous m'environnez!
Quels tourmens! quelle ardeur fatale!
Quelle noire vapeur s'exhale
De vos flambeaux empoisonnez!

Où suis je? quel aspect! l'Averne, le Tenare,
Le Stix autour de moi roule ses flots affreux!
Quel effroi de mon cœur s'empare!
Je ne vois que des malheureux.

CREUSE.

Mon Pere.....

CREON.

Quoi? Medée! Ah! je suis un parjure.
Tu n'as donc pas quitté ces bords?
De mon serment trahi, les Dieux vangent l'injure;
Eh bien pour l'expier, va, descend chez les morts.

Il veut tuer Creüse qu'il prend pour Medée.

JASON.

Seigneur, qu'allez-vous faire ? Ah! qu'elle erreur cruelle!

CREON.

Dieux ! quels démons s'arment pour elle!
Pour qui destinez-vous, & ces feux & ces fers!
Fuïons; mais, ô fuite inutile!
Contre tant de fureur, où trouver un azile?
Je traîne aprés moi les Enfers.

Il rentre.

JASON & CREON.

Ne l'abandonnons pas aux transports de sa rage.

Creüse entre dans le Palais, & les Furies s'opposent au passage de Jason.

JASON.

Que vois-je ? tout l'Enfer s'oppose à mon passage!
Chére Creüse. Ah ! je vous perds!

On entend un bruit soûterrain, & le Palais de Creon paroît tout en feu.

CHOEUR.

Dieux ! quel mugissement sort du sein de la Terre!
Quels feux embrasent ce Palais!
Le Ciel fait gronder le tonnerre;
Faut-il que nos malheurs ne finissent jamais!

SCENE DRENIERE.

JASON, MEDE'E.

Troupe de Corinthiens.

MEDE'E *sur un Char tiré par des Dragons volans.*

Pour un odieuse Rivale
Fini des regrets superflus.

JASON.

Ciel! qu'entends-je?

MEDÉE.

Elle touche à ſon heure fatale;
Bien-tôt je ne la craindrai plus?
J'aime à la voir brûler du feu qui la dévore,
Et mon cœur n'en eſt point jaloux.
Toi, reprend ſi tu veux, le nom de mon époux.

JASON.

Oſe-tu me parler d'un hymen que j'abhorre?

MEDÉE.

Je viens d'en briſer le lien.
Du ſang de tes enfans, ce poignard fume encore,
Tu peux le plonger dans le tien.

Medée laiſſe tomber le poignard aux pieds de Jaſon, & s'enfuit ſur ſon Char volant.

JASON.

Barbare, tu mourras. Mais ma vangeance eſt vaine,
Ce Char la dérobe à mes yeux.

C'en eſt trop, renonçons à la clarté des Cieux,
Pour finir ma mortelle peine.

Il veut ſe tuer, & le Peuple lui retient le bras.

Fin du cinquiéme & dernier Acte.

VU ce premier Février mil ſept cens treize. Signé, M. R. V. D'ARGENSON.

PRIVILEGE DU ROY.

LOUIS par la grace de Dieu, Roi de France & de Navarre : A nos amés & Feaux Conseillers, les Gens tenans nos Cours de Parlement, Maîtres des Requêtes ordinaires de nôtre Hôtel, Grand Conseil, Prevôt de Paris, Baillifs, Sénéchaux, leurs Lieutenans Civils, & autres nos Justiciers qu'il appartiendra, Salut. Les Sieurs Besnier Avocat en Parlement, Chomat, Duchesne, & de la Val de S. Pont, Bourgeois de nôtre bonne ville de Paris, Nous ont fait remontrer, qu'en conséquence de l'Arrêt de nôtre Conseil du 12. Décembre 1712. du Traité fait entre eux & les Sieurs de Francine & Dumont le 24. desd. mois & an, & de nos Letres Patentes du 8. Janvier ensuivant, confirmatives du Traité, ils auroient acquis le Privilége de faire representer les Opera durant le tems de vingt années, à compter du 20. Août 1712 ainsi que le Privilege de la vente des paroles desd. Opera, lesquelles ils desireroient faire imprimer pour les donner au Public, s'il Nous plaisoit leur accorder nos Lettres de Privilege sur ce necessaires. A CES CAUSES desirant favorablement traiter les Exposans, attendu les charges dont l'Académie Royale de Musique se trouve oberée, & les grandes dépenses qu'il convient faire tant pour l'impression que pour la gravure en taille-douce des planches dont ce Livre sera orné, Nous leur avons permis & permettons par ces Presentes de faire imprimer & graver les Paroles & la Musique de tous lesd. Opera qui ont été ou qui seront representez par l'Académie Royale de Musique, tant séparément que conjointement, en telle forme, marge, caractere, nombre de volumes & de fois que bon leur semblera, & de les faire vendre & débiter par tout nôtre Royaume pendant le tems de dix-neuf années consecutives, à compter du jour de la datte desdites Presentes. Faisons défenses à toutes personnes, de quelque qualité & condition qu'elles puissent être, d'en introduire d'impression étrangere dans aucun lieu de nôtre obéïssance, & à tous Imprimeurs, Libraires, Graveurs, & autres, d'imprimer, faire imprimer, vendre, faire vendre, debiter, ni contrefaire lesdites impressions, planches & figures, en tout ni en partie, sans la permission expresse & par écrit desd. Sieurs Exposans, ou de ceux qui auront droit d'eux : à peine de confiscation des exemplaires contrefaits, de six mille liv. d'amende contre chacun des contrevenans, dont un tiers à Nous, un tiers à l'Hôtel-Dieu de Paris, l'autre tiers ausdits Sieurs Exposans, & de tous dépens, dommages & intérêts ; à la charge que ces Presentes seront enregistrées tout au long sur le Registre de la Communauté des Imprimeurs & Libraires de Paris, & ce dans trois mois de la datte d'icelles, que la gravûre & impression desdits Opera sera faite dans nôtre Royaume & non ailleurs, en bon papier & en beaux caracteres, conformément aux Reglemens de la Librairie, & qu'avant de les exposer en vente il en sera mis deux Exemplaires dans nôtre Bibliothéque publique, un dans celle de nôtre Château du Louvre ; & l'autre dans celle de nôtre très cher & féal Chevalier Chancelier de France le Sieur Phelypeaux Comte de Pontchartrain, Commandeur de nos Ordres, le tout à peine de nullité des Presentes : du contenu desquelles vous mandons & enjoignons de faire joüir lesd. Sieurs Exposans, ou leurs ayans cause, pleinement & paisiblement, sans souffrir qu'il leur soit fait aucun trouble ou empêchement. Voulons que la copie desdites Presentes, qui sera imprimée au commencement ou à la fin desd. Opera, soit tenuë pour dûëment signifiée, & qu'aux copies collationnées par l'un de nos amés & Feaux Conseillers & Secretaires, foi soit ajoûtée comme à l'Original. Commandons au premier nôtre Huissier ou Sergent de faire pour l'execution d'icelles tous Actes requis & necessaires ; sans demander autre permission, & nonobstant Clameur de Haro, Charte Normande, & Lettres à ce contraires : Car tel est nôtre plaisir. Donné à Versailles le 20. jour d'Août, l'an de Grace 1713. & de nôtre Régne le soixante-onziéme. Par le Roi en son Conseil. Signé, BESNIER, avec paraphe, & scellé.

Nous avons cedé à M. Ribou le present Privilege suivant le Traité fait avec lui le 17. Juillet dernier 1713. A Paris le 22. Août 1713. Signé, BESNIER.

Registré sur le Registre avec la Cession n. 3. de la Communauté des Libraires & Imprimeurs de Paris ; page 648. n. 731 conformément aux Reglemens, & notamment à l'Arrêt du 13. Août 1703. Fait à Paris ce 22. Septembre 1713. L. JOSSE Syndic.

www.ingramcontent.com/pod-product-compliance
Lightning Source LLC
LaVergne TN
LVHW050428160826
845677LV00002BA/603